CLODIUS PIAT

DOCTEUR ÈS LETTRES, AGRÉGÉ DE PHILOSOPHIE
PROFESSEUR A L'INSTITUT CATHOLIQUE DE PARIS

La Morale chrétienne

et

la Moralité en France

Victor Lecoffre

LA MORALE CHRÉTIENNE

ET

LA MORALITÉ EN FRANCE

TYPOGRAPHIE FIRMIN-DIDOT ET Cie, — MESNIL (EURE).

CLODIUS PIAT

DOCTEUR ÈS LETTRES, AGRÉGÉ DE PHILOSOPHIE
PROFESSEUR A L'INSTITUT CATHOLIQUE DE PARIS

LA MORALE CHRÉTIENNE

ET

LA MORALITÉ EN FRANCE

PARIS
LIBRAIRIE VICTOR LECOFFRE
RUE BONAPARTE, 90

1905

LA MORALE CHRÉTIENNE

ET

LA MORALITÉ EN FRANCE[1]

I

Le spectacle qui se déroule sous nos yeux est une guerre de religion. On en veut au christianisme; et le but consiste à le détruire. Les livres, les brochures, les articles de revues, les journaux, l'École elle-même, tout conspire de plus en plus à renverser le système de croyances qui a fait jusqu'ici la force et la gloire de notre nation.

---

[1]. La substance de cette brochure a paru dans le *Correspondant* le 10 mai 1905, sous le titre de *Tradition chrétienne*.

C'est une bataille d'idées vitales qui se livre, la plus acharnée, la plus méthodique, la plus générale qui ait jamais eu lieu. Et cette bataille n'est plus seulement d'ordre théorique : il y a longtemps déjà qu'elle est descendue de la pensée dans les faits et se traduit par une transformation progressive de notre organisation sociale tout entière. Depuis 1880, nous assistons à l'éclosion d'une série de lois, de plus en plus haineuses, de plus en plus oppressives et dont l'unique fin est d'enlever au christianisme tous ses moyens d'action.

Les Athéniens exilaient Anaxagore, parce qu'ils le soupçonnaient de nouveautés en matière religieuse ; ils condamnaient Socrate à boire la ciguë, parce qu'il avait osé s'en prendre aux dieux. Les empereurs romains ont fait mourir des milliers d'hommes et de femmes pour sauver la religion traditionnelle, bien convaincus par leur sens pratique qu'avec elle devait s'ébranler l'empire lui-même. Aujourd'hui, cette vieille sagesse a disparu; les gouvernants se rangent du côté des novateurs : ce sont eux qui se chargent de faire pénétrer dans le réel les rêves des sophistes. Ils vont, ils coupent, ils rasent sans respect ni mesure, et sans prévoir au juste comment ils remplaceront ce qu'ils détruisent : nos libertés, sous leurs coups, tombent l'une après l'autre, comme les feuilles au vent de l'automne.

Il y a là, me semble-t-il, une violation des lois de la biologie sociale qu'il est opportun de mettre en lumière. Ce n'est pas ainsi que l'on fait des réformes; c'est ainsi qu'on fait des révolutions. Et les révolutions peuvent tuer un peuple; elles ne le sauvent jamais.

II

On ne cherche pas ici ce que vaut le christianisme au point de vue de la certitude rationnelle ; le problème est d'ordre pratique : il s'agit simplement de savoir si, vu la manière dont s'est formé notre tempérament national, nous pouvons vivre d'autre chose que de la morale chrétienne. Or, je le crois en toute conscience, je le crois à la lumière du présent et du passé : la question ainsi réduite ne supporte qu'une réponse négative.

Nous avons dix-huit siècles d'éducation chrétienne. C'est le christianisme qui a fondé la civilisation indo-européenne, dont nous avons été jusqu'ici la partie la plus active, la plus brillante et la plus féconde. Et quelle puissance ne lui a-t-il pas fallu pour faire surgir de la fange de l'empire romain et du chaos des hordes barbares un ordre social tout nouveau! Il s'est produit là comme un phénomène de transcréation qui est unique dans les Annales de notre race. C'est le christianisme qui a formé la longue file des ancêtres d'où nous est venu le flambeau de la vie : lui seul en a façonné à travers les âges et l'esprit et le cœur et l'énergique vouloir; il en a pétri l'être tout entier et a fini par y laisser comme une empreinte indélébile. Il agit donc encore en nous-mêmes; il y parle par la voix des morts, plus nombreux que les vivants; il y parle sans nous et malgré nous, comme l'instinct. Qu'on le veuille ou non, il est devenu l'âme de nos âmes et le fond de notre nature de Français.

Qu'est-ce à dire ? sinon que, au cours des siècles écoulés, l'idée de religion et celle de moralité sont allées se soudant l'une à l'autre d'une manière de plus en plus intime et qu'à l'heure actuelle, elles forment dans la conscience du peuple un couple vitalement indissoluble ? Qu'est-ce à dire ? sinon qu'en fait il n'y a plus pour nous qu'une morale qui soit pratiquement possible, celle-là même qui nous est venue de l'Évangile.

Vous attaquez la foi chrétienne ; vous attaquez en même temps la morale traditionnelle : tous les coups que vous portez à la première, vous les portez à la seconde. Et croyez bien que, lorsque la morale traditionnelle aura succombé, il n'en naîtra pas une autre. Sans doute les théories abonderont alors plus que jamais. On écrira des articles et de gros livres ; on fera des congrès de philosophes pour sortir de l'impasse. Mais c'est être assez naïf de croire que la spéculation suffit à déterminer la conduite ; il y faut quelque chose de plus et d'essentiel : il y faut la vie, et l'homme ne la donne pas. On fait des œufs dans nos laboratoires ; mais il n'en est encore jamais sorti un poulet. Ainsi des systèmes d'éthique inventés par les penseurs : ils sont stériles. Le sens moral d'un peuple est un organe qu'on ne remplace pas.

Imaginez un médecin qui vient dire à l'un de ses malades : « Vous avez un œil en mauvais état ; il est atteint d'anémie. Je vais donc vous l'enlever et vous en mettre un autre, tout neuf, celui-là, et que j'ai construit de mes propres mains. — Ah ! non, dirait le patient étonné : j'estime votre talent, mais je ne vous reconnais pas le don de saint Éloi. Je vous en prie, donnez-moi plutôt du tonique. » C'est une impression de ce genre qu'éprouve tout homme réfléchi, en apprenant qu'on travaille à faire une éthique nouvelle qui n'existera pas seulement sur le papier, mais qui doit nous faire vivre d'une vie plus pleine et plus heureuse : il sourit d'incrédulité et il a raison. Le sens moral d'une société est une chose plus délicate encore, infiniment plus complexe et plus intime que l'appareil merveilleux par où s'épandent en notre âme les rayons de la lumière. Il est fait de sentiments autant que de claires vues; il suppose à la fois l'affermissement du vouloir, l'amour prédominant du bien et je ne sais quel réseau d'habitudes profondes qui ont fini par assouplir l'automate : c'est une coordination de tout l'être qui vient d'un long passé bien plus encore que du présent. Ces éléments une fois dissociés et ces fibres rompues, il n'est pas moins difficile de les faire revivre que de ressusciter un mort.

Que l'on en croie d'ailleurs l'histoire, si les lois de la psychologie ne suffisent pas à produire la persuasion.

Les Grecs assez longtemps vécurent vertueux et forts. Mais peu à peu l'on vit naître une armée de sophistes, qui, portant une main hostile sur les idées reçues, ébranlèrent les concepts de bien, de droit, de devoir, de providence, de vie future. La morale traditionnelle tomba sous leurs coups et sa ruine fut irréparable : ni Socrate, ni Platon, ni Aristote ne se trouvèrent assez puissants pour remettre en vigueur les convictions ébranlées.

La même crise se produisit un peu plus tard chez les Romains et finit par aboutir au même terme. Réfractaires dès l'abord à l'influence des beaux discours qui leur arrivaient de la Grèce, ils s'éveillèrent par la suite de leur sommeil de jurisconsultes : ils se mirent insensiblement à douter des dieux comme le peuple qu'ils venaient de vaincre. « Nos dieux s'en vont », disaient-ils. Et dès lors les vertus civiques s'en allèrent aussi : le déclin commença pour de bon. On peut observer un fait analogue chez ces Républiques italiennes, autrefois si brillantes de luxe et de poésie, dont nous allons visiter aujourd'hui les monuments et les musées. Sans doute, l'excès de la richesse ne fut pas étranger à leur décadence. Mais on ne saurait nier non plus que le doute religieux, aiguisé par la rencontre inattendue de la pensée chrétienne et de la pensée païenne, ait contribué pour une large part à leur chute finale.

Qu'est-il besoin, au reste, d'aller chercher dans un passé plus ou moins lointain des considérations favorables à notre sentiment? N'avons-nous pas sous les yeux un spectacle malheureusement trop décisif? Est-ce que le crime, au milieu de nous, ne devient pas de jour en jour et plus fréquent, et plus précoce et plus effronté? Est-ce qu'il n'apparaît pas partout, à tous les âges et sous toutes les formes? Est-ce qu'il n'ébranle pas déjà les bases de l'ordre social dont nous faisons partie? Or pourquoi? Je sais que les causes en sont diverses.

Mais nul homme de bonne foi n'osera nier que la raison principale, la raison foncière de ce phénomène redoutable, c'est qu'on travaille à miner dans les consciences la foi dont elles ont vécu, la seule dont elles puissent vivre : on les vide, et puis on n'y met rien ; ou bien l'on y fait de la « fumée », comme le disait un jour le plus psychologue de nos romanciers.

III

On s'expliquerait la lutte qui s'est produite, si l'insuffisance du christianisme était établie et qu'on eût par ailleurs un système à lui substituer. Encore faudrait-il, dans ce cas extrême, procéder en toute prudence et avec un esprit très différent de celui que nous avons le regret de constater; car c'est toujours pour un peuple une transition infiniment périlleuse que le changement d'un idéal de conduite. Mais des deux conditions que l'on vient d'indiquer, ni l'une ni l'autre n'est encore fournie : c'est un fait qui crève les yeux, dès qu'on prend la peine de regarder au mouvement intellectuel de notre époque.

Où a-t-on pris que la morale de l'Évangile ne satisfait plus aux exigences de la mentalité contemporaine ?

La science, nous crie-t-on de toutes parts : voilà ce qui vous condamne. — Oui, tel est bien le terme magique; seulement je voudrais savoir au juste ce qu'on entend par là. La science comprend d'abord des faits et des lois; et la religion n'en est nullement gênée : elle habite plus haut ou plus profond, si l'on préfère, vu qu'en Métaphysique les points cardinaux ne sont pas faciles à définir. De plus, la science comprend des hypothèses; et la religion n'en souffre pas davantage. On affirmait autrefois que tous les hommes n'ont pu sortir du même berceau; on en est maintenant à l'extrême opposé : d'après l'opinion qui domine encore, c'est d'un germe unique que sont issues toutes les espèces vivantes. On croyait, il y a quelques années, à la nécessité universelle; puis, on a proclamé tout d'un coup le règne de l'universelle contingence. Quel bruit n'a-t-on pas fait avec le fameux principe d'après lequel il y aurait toujours dans le monde la même quantité de matière et de mouvement. La notion du libre arbitre et la morale et l'idée de Dieu devaient en être bouleversées. Aujourd'hui, ce principe est battu en brèche par les savants les plus notables : c'est M. Poincaré lui-même qui dirige l'attaque et de la façon la plus vigoureuse. Les hypothèses scientifiques sont mouvantes comme les sables de la Babylonie : elles se détruisent, se reconstruisent pour se détruire encore. Qu'avons-nous à redouter de ces avortements perpétuels ?

Croyez-moi, ce qui nuit véritablement au christianisme, ce n'est pas la science; c'est le *scientisme*, cet être bâtard qui se meut entre l'expérience et la Philosophie. Derrière le savant, il y a presque toujours un magister à l'air solennel, aux lunettes lourdes et noires, qui le regarde travailler par-dessus l'épaule, qui suit d'un regard snobe jusqu'à ses moindres mouvements et qui se retourne tout d'un coup en criant au grand public : « Trouvé, trouvé cette fois : plus de Dieu; plus de providence; plus de vie future; la religion n'est qu'une légende bonne tout au plus pour des enfants. » Et il va par le monde promenant sa belle découverte dont le savant ne sait rien et dont il rirait, s'il en savait quelque chose. Voilà le réel ennemi de la Religion; c'est cette espèce de charlatan de savoir qui trouble tout. Ah! si ce personnage-là pouvait disparaître pour de vrai, quelle rédemption! Mais, soyez-en sûrs, il se fera toujours de nombreux adeptes, et en France peut-être plus qu'ailleurs : si bien qu'il faut nous résigner à le combattre toujours.

Si la morale chrétienne n'a rien à redouter de la science, si elle peut aller la main dans la main avec cette noble dame, qui est, comme elle, toute rayonnante de modestie et de sérénité, où trouvera-t-on les indices d'insuffisance qu'on lui reproche avec tant d'amertume? viendraient-ils par hasard des essais d'éthique naturelle que l'on a publiés de notre temps? On le dit, on l'écrit, on le raconte en prose et en vers, on le chante même quelques fois. Mais je crains bien qu'il n'y ait là qu'un nouveau tour du-magicien dont je viens de parler; et peut-être même ne serait-il pas très difficile de le faire voir.

On veut le bonheur; on le veut dès ici-bas. Le chrétien aussi; et il y travaille autant que les autres par la science, plus que les autres par ces œuvres qui se multiplient chez nous comme à plaisir et font l'admiration des étrangers. Seulement le chrétien ne borne pas ses espérances à la terre; il croit que cette vie s'achève dans l'au-delà. Et quoi de plus naturel? Où est celui d'entre nous qui n'a jamais senti qu'il y a sous le crâne humain

« Comme un ange enfermé qui sanglote tout bas »?

On prêche de toutes parts la solidarité. On nous dit sur tous les tons que chaque citoyen est comme une cellule de l'organisme social, que par suite il jouit du bien qu'il fait au tout et pâtit du mal qu'il lui fait; et l'on conclut de cette loi de réversibilité que le meilleur pour l'individu, c'est de remplir la fonction qui lui revient. Mais qu'y a-t-il là-dedans? sinon une forme inférieure, la forme égoïste de la charité. La solidarité, le christianisme l'admet et s'en est toujours servi pour porter l'homme au bien. Seulement, au lieu de s'y arrêter, il y ajoute le respect de l'ordre social par amour pour Dieu qui est l'exemplaire éternel et le garant souverain de tout ordre; il y ajoute le dévouement où s'accomplissent à la fois l'homme et la société.

Depuis la grande révolution, on s'est pris d'un bel élan de respect pour la dignité de la personne humaine. On veut qu'elle ne soit plus traitée comme un instrument; on en fait un objet sacré, inviolable, intangible. Et c'est bien, pourvu toutefois que l'on n'exagère pas cette idée généreuse jusqu'à rendre l'ordre social radicalement impossible. Mais d'où vient ce sentiment de respect dont notre siècle se vante si fort? Encore de l'Évangile. Le christianisme est avant tout l'apothéose de la moralité, et par là même l'apothéose de la personnalité : c'est là sa véritable essence. La chose est si vraie qu'il ne lui a pas suffi de la glorifier dans l'homme; il l'a mise dans le ciel, au sein même de la divinité, et trois fois pour une.

On aspire à la pacification universelle; on veut supprimer la guerre au nom de la fraternité humaine. Et ce but est noble; peut-être même n'est-il pas totalement impossible. C'est une bien misérable nécessité que celle où nous sommes réduits de fusiller notre semblable, parce qu'il habite de l'autre côté de l'eau. Mais ne soyons pas ingrats jusqu'à l'injustice : rendons à chacun ce qui lui est dû. Qui donc est venu apporter à la terre la doctrine du « Père céleste » et affirmer que tous les hommes, *græci et barbari,* en sont les enfants? qui a prononcé sur le monde le premier *pax vobis?* C'est le Christ. Et l'on peut ajouter sans crainte d'excès que le sentiment d'universelle fraternité qui nous anime et fait effort pour vivre n'est que l'efflorescence historique de sa pensée.

Il n'est donc aucune grande idée, aucune aspiration généreuse de l'âme moderne, que le christianisme n'ait prévenue ou qu'il ne soit à même de faire sienne, en vertu de cette plasticité indéfinie qui est un de ses traits dominants : il enveloppe tout ce que nous avons de grand, et quelque chose de plus qui en fait la force, à savoir la croyance à l'immortalité.

Si tout se termine à la « pelletée de terre », les trois quarts des justes sortent de la vie plus ou moins diminués, plus ou moins sacrifiés pour avoir mieux fait que les autres : leur destinée est inférieure à celle des habiles coquins qui fourmillent autour de nous. Si tout se termine à la « pelletée de terre », tout se consomme dans l'injustice; le dernier mot de la vertu, c'est l'iniquité. Or il est probable que personne n'aura jamais beaucoup d'enthousiasme pour une morale qui conduit à cet étrange dénouement : c'est un mât de cocagne bien lisse et bien savonné qui ne peut tenter que quelques stoïques; et les stoïques sont rares, plus rares qu'on ne pense, ainsi que l'a senti La Bruyère. Toute morale naturaliste est pratiquement vaine, comme les faits se chargent par ailleurs de le faire voir; toute morale naturaliste a besoin, pour devenir un mobile efficace, de s'achever dans le christianisme.

*
* *

D'autre part, et du fait même de l'étroitesse des points de vue auxquels ils se sont placés, les philosophes n'ont jamais été aussi loin de cette morale supérieure qu'il s'agit de substituer au christianisme : ils réussissent surtout et de mieux en mieux à produire la plus étrange et la plus désolante des anarchies. C'est ce que M. Alfred Fouillée vient de signaler avec force dans son récent ouvrage sur *Le moralisme de Kant et l'amoralisme contemporain.* « De nos jours, dit-il, plus encore qu'il y a une trentaine d'années, c'est la morale même qui est en cause, soit en tant que réelle, soit en tant qu'utile et nécessaire. »

« J'ai lu avec le plus grand soin, pour m'éclairer sur ces hautes questions, ce que mes contemporains ont écrit dans les sens les plus divers et les plus contradictoires. J'ai essayé de me faire en quelque sorte une opinion sur toutes les opinions. Faut-il le dire? J'ai trouvé dans le domaine moral un tel désarroi d'idées et de passions, une telle absence de méthode vraiment scientifique même chez ceux qui se réclament de la science », qu'il m'a paru indispensable de mettre en lumière ce qu'on pourrait appeler la sophistique contemporaine, avant de rechercher les éléments de vérité qui me semblent pouvoir s'unir en une synthèse compréhensive. Dans cette forêt inextricable, *selva oscura,* il faut se livrer à un travail préalable pour découvrir, tant bien que mal, son propre chemin.

« Le moralisme des kantiens, refusant

toute valeur aux considérations de perfection et d'idéaux, ne laisse plus subsister qu'une forme impérative qui attend son contenu. » En face du moralisme des kantiens se dresse l'amoralisme positiviste, ennemi de toute métaphysique et de toute religion, « esclave des faits et de l'histoire des faits », où « la science des mœurs » se substitue à la théorie du bien idéal[1]. A ces deux doctrines s'oppose l'immoralisme de Nietzsche au regard duquel il ne s'agit plus que de l'apothéose du *Surhomme*. Et ce *Surhomme* n'est point l'être ridicule et bonasse qu'avaient imaginé Rousseau et le dix-huitième siècle; c'est « l'animal fort et terrible, l'Adam de la nature après le péché, l'Adam diabolique dont le fils aîné doit avoir assez de force et de « volonté de puis-

---

1. Voir Levy Bruhl, *La morale et la Science des mœurs*, Alcan, Paris, 1904. Inspiré par une conception déterministe du monde, l'auteur identifie ce qui doit *être* avec ce qui *est*; et du même coup *la morale* est supprimée, il ne reste que des *mœurs*.

sance » pour tuer son frère. Caïn est le vrai représentant de l'humanité et de ses puissances fécondes de haine, de vengeance, de guerre, de domination : Abel n'est qu'un débile et féminin idéaliste¹ ».

Vraiment, elles sont de plus en plus triomphantes, « les affirmations de la conscience moderne² »; et l'on peut parler de la manière heureuse dont elles savent se défendre contre elles-mêmes.

« Supposons, dit M. Balfour, que tout homme et toute femme, ou plutôt tout garçon et toute fille (car la raison serait-elle privée de ses droits chez des personnes de

---

1. Préf., Alcan, Paris, 1905.
2. Par GABRIEL SÉAILLES, Armand Colin, Paris, 1892. Dans ce livre, M. Séailles présente la croyance aux huit cercles (p. 13) et à l'empyrée (p. 15) comme appartenant à l'essence du catholicisme. Ce trait suffit à montrer avec quel soin l'auteur s'est rendu compte de la distinction qu'il faut faire entre le dogme et la tradition; et le reste est à l'avenant et de même valeur. Heureusement, en procédant de cette manière, on ne détruit que son œuvre. Je me permets d'indiquer à M. Séailles *Le présent et l'avenir du catholicisme* et *Religion et Critique* par l'Abbé de Broglie.

moins de vingt et un ans?), que tout être intelligent enfin a la capacité et la discipline requises pour s'attaquer à de pareils problèmes. Armons-le des méthodes critiques les plus récentes et assignons-lui pour tâche d'estimer avec pleine liberté d'esprit les titres que la charité, la tempérance et l'honnêteté, le meurtre, le vol et l'adultère ont à l'approbation ou à l'improbation de l'humanité. Quel serait le résultat d'une telle expérience! Quel chaos d'opinions sortirait de là? Mais même il se pourrait faire qu'avant que nos jeunes critiques fussent arrivés à refondre les dix commandements, ils demeurassent embourbés dans la question préliminaire de savoir si les jugements portant probation et improbation morale sont de ceux qu'on doit attendre d'êtres raisonnables ; si les termes « bien et mal » représentent quelque chose de plus durable et de plus important que certaines prédilections et certaines répugnances largement répandues, et qui se trouvent par hasard soumises plus ou moins arbitrairement à des sanctions sociales et légales. Je crois fort probable que les conclusions auxquelles ils arriveraient ici auraient un caractère purement négatif [1]. »

Voilà ce qui s'affirme avant tout et depuis longtemps déjà. La chose la plus saillante dans les nombreux efforts qu'on a tentés pour construire une nouvelle morale, c'est la tendance de la pensée individuelle à tout détruire, puis à se détruire elle-même.

Mais alors quelle raison y a-t-il de traiter le christianisme avec tant de dédain? Pourquoi le chasser de l'école et de nos institutions sociales? Pourquoi le poursuivre jusque dans la conduite privée et la conscience des individus? En définitive, rien n'est grand, rien n'est fécond que lui et par lui.

---

1. *Les Bases de la croyance*, p. 156, traduit de l'anglais par G. Art, Montgrédien, Paris.

IV

D'où vient donc que l'on veut rompre à tout prix avec la religion traditionnelle? chez nous, cette conjuration obstinée tient pour une bonne part à l'un des traits de notre caractère de français.

Voyez comment nos pères se sont conduits dans le passé. Il s'agit au xvi° siècle d'enrichir notre langue; on vous l'émaille de mots étrangers, on vous la charge de grec et de latin jusqu'à ce qu'elle y perde sa physionomie native d'une grâce pourtant si fine et si piquante. Il s'agit à la même époque de développer notre théâtre;

on vous le supprime pour le recommencer à l'image des Anciens, des Italiens et des Espagnols. La question se pose au xviiie siècle de tenter un ensemble de réformes politiques et sociales. Or, qu'arrive-t-il en très peu de temps? On fait table rase d'une organisation dont la France a pourtant vécu pendant quatorze siècles; et l'on croit pouvoir inventer de toutes pièces et tout d'un coup un système de vie nouveau qui ne grince plus. Nous procédons par éruptions; notre tempérament a quelque chose de volcanique. Et là se situe, à coup sûr, l'une des sources de nos malheurs.

De ce fait que l'on aura de la peine à mettre en conteste, découle une première conclusion pratique. Il serait bon, après tant de fautes accumulées et dont nous souffrons encore, de nous laisser instruire par notre propre histoire : il serait opportun de nous souvenir que le vrai moyen de se développer en pleine harmonie, c'est de s'aider du passé et du présent dans l'intérêt de l'avenir; c'est de suivre, comme la nature, le principe de continuité. La préoccupation dominante de ceux qui gouvernent devrait être de modérer le mouvement qui nous entraîne, au lieu de l'accélérer. Car ce mouvement suit la logique de la passion qui a toujours été, principalement chez nous, la pire et la plus funeste des illogiques. Faire descendre l'idée pure tout entière et tout droit, comme un glaive, jusqu'aux fibres les plus intimes de notre organisme social; apporter à cette opération déjà si dangereuse de sa nature l'aveuglement du fanatisme : voilà notre manie héréditaire. Et c'est là précisément ce qui compromet les réformes les plus légitimes et ne peut avoir d'autre résultat que d'augmenter le malaise général.

*
**

Mais il ne suffit pas de rappeler nos adversaires à la sagesse politique, au nom des intérêts les plus chers de notre grande patrie. Il est probable qu'ils en tiendront fort peu de compte ; car les Républicains ont toujours été des « tape-durs », suivant le mot de Taine. Ce n'est pas d'eux qu'il faut attendre notre salut ; c'est à nous de le faire.

La crise religieuse dont nous mourons ne se borne pas à la France ; elle s'étend au monde entier. Il y a longtemps qu'elle sévit dans les universités de l'Allemagne, de la Russie, de l'Angleterre et des États-Unis ; elle ébranle déjà l'Italie et la divise en deux camps de plus en plus acharnés l'un contre l'autre ; elle se fait sentir jusqu'au sein de la pieuse Espagne où ses progrès seront probablement d'autant plus rapides que la foi de ce pays est restée plus naïve et plus monacale. De tous les coins du globe où la réflexion s'est fait jour, s'élève le même cri de renoncement et de guerre au passé : « Garde le fond de ton Temple, ô Éternel ;

> Garde ta grandeur solitaire ;
> Ferme à jamais ton immensité.

Ce monde est notre ciel ; la nature nous suffit. » L'humanité travaille de ses propres mains à tarir les sources de l'immortelle espérance. Et, si les autres peuples se distinguent de nous, ce n'est pas qu'ils se trouvent préservés du mal qui nous mine; c'est surtout parce qu'ils mettent plus de temps à transformer leurs pensées en actions. Nous sommes les enfants terribles de l'idéal en vogue, comme nous l'avons été de tant d'autres utopies dangereuses : voilà toute la différence.

Comment expliquer ce phénomène étrange

et même absolument nouveau ? car les sociétés païennes, quoi qu'on en ait dit, n'ont jamais rien éprouvé de pareil ; elles étaient pleines de dieux. A quoi tient que le naturalisme s'est implanté de toutes parts, qu'il travaille avec tant d'obstination et le prend avec nos croyances d'un air si victorieux ? C'est là, me semble-t-il, ce qu'il faut chercher enfin, si nous voulons découvrir la cause foncière de nos défaites et le moyen de les réparer.

D'aucuns mettent tout le mal sur le compte de la franc-maçonnerie ; et l'heure est bien choisie pour faire valoir un tel grief. On savait déjà que la franc-maçonnerie est une sphinx embusquée dans l'ombre, qui dévore les enfants de Dieu ; mais on était loin de penser que l'avenir de nos officiers fût à la merci de la Loge. C'est cependant ce que l'on peut voir à la lumière de documents irrécusables et dont le nombre s'augmente de jour en jour. Oui, c'est un fait : le gouvernement de notre pays réside dans les caves du Grand-Orient. Mais la franc-maçonnerie et l'odieuse politique que dirige cette anti-congrégation, ne sont elles-mêmes que des effets. D'où vient qu'elles ont pu naître? d'où vient qu'elles ont pu grandir? d'où vient surtout qu'elles ont réussi à s'imposer et avec un tel cynisme? Comment se fait-il qu'il y ait une contre-église plus puissante en politique que les plus grands papes d'autrefois? C'est là ce qu'il faut dire; et, pour le trouver, nous sommes obligés de chercher ailleurs.

On ne peut s'en prendre non plus à la conduite morale du clergé. Il est encore et d'emblée la corporation qui fournit la plus grande somme de respect, de probité et de charité; et les attaques dont il est l'objet n'ont réussi qu'à mettre dans une lumière plus vive ce fait consolant. La gloire du clergé moderne aura été de représenter dignement l'idée morale, au milieu d'une société décadente et dont la corruption va toujours croissant. A cet égard, le « vénérable Saint-Sulpice » a fièrement rempli sa tâche d'éducateur. Nous éprouvons un besoin spécial de le dire, à cette heure de tristesse où l'œuvre de M. Olier vient d'être entravée par un décret brutal dans l'exercice d'un dévouement déjà plusieurs fois séculaire.

*
* *

Ce qui a perdu pour un temps la cause de la religion, c'est que le clergé, fort de son passé, n'a pas compris assez vite la nécessité de rajeunir et de consolider l'exposition de la doctrine religieuse. *Vetera novis augere et perficere*, disait Léon XIII. Merveilleuse devise dont il eût fallu faire l'application bien avant qu'elle fût formulée, car elle a toujours été pour l'Église le secret de ses longues et pacifiantes victoires.

Aucun siècle peut-être n'a entassé autant de documents et soulevé autant de problèmes que celui qui vient de finir. Les bibliothèques, où sommeille la pensée des générations évanouies, n'auront bientôt plus de secrets; on a fouillé par le menu les nécropoles de la Grèce et les tombeaux de l'Égypte; on a bouleversé le sol de la Babylonie et de la Chaldée où gisait dans un long oubli l'histoire de vastes et glorieux empires; les pagodes de l'Inde et les monastères du Thibet se sont ouverts aux pionniers de la science et leur ont livré la clef de la littérature religieuse et morale de l'extrême-Orient. Le mystère de la vie a reculé, devant la lumière de l'analyse, jusqu'à la cellule de l'être organique; et, à force de tourmenter le sein de la terre, on a fini par lui arracher l'énigme de sa lente et laborieuse formation.

Ces enquêtes de toute nature, poursuivies avec ardeur et dans les divers pays, ont produit une germination d'idées nouvelles, que l'incrédulité, sans cesse aux aguets, s'est empressée de tourner contre le christianisme. Après avoir patiemment sondé les profondeurs du ciel, découvert les révolutions par lesquelles a passé notre planète et pénétré les lois qui président au développement des êtres organiques, on s'est cru le droit d'affirmer que le Dieu créateur de la Bible n'est qu'un mythe ; que l'univers s'élève, il est vrai, de l'homogène à l'hétérogène et du chaos à l'ordre, mais en vertu d'un principe intérieur et fatal, qui s'épanouit de lui-même comme un embryon. On a cru pouvoir conclure de l'histoire mieux informée que les religions n'échappent pas à la loi de l'immanente évolution ; que les principales d'entre elles ont un même fond de doctrine et de liturgie ; qu'elles sont incapables de justifier scientifiquement la divinité de leur origine et qu'il est raisonnable par là même de n'y voir que les manifestations plus ou moins imparfaites de l'âme humaine toujours en quête d'infinité. On s'est fait fort de montrer, en se fondant sur des documents inconnus jusqu'à nous, que les Saintes Écritures où nous cherchons la parole d'un Dieu infaillible, contiennent un mélange indescriptible d'erreurs et de vaines légendes.

Ces idées qui tendent à ruiner les fondements de la foi chrétienne, se sont accréditées auprès des intelligences cultivées : enseignées dans la plupart des grandes écoles, soutenues par des hommes d'incontestable talent et formulées dans des ouvrages de valeur, elles sont descendues de là, entourées de l'auréole du savoir, jusques aux couches inférieures de la société.

A cette attaque de fond et d'allure inattendue, comment les catholiques ont-ils répliqué pendant longtemps ? par un enseignement tout archaïque, trop souvent faible et médiocrement informé, dont le but dominant était de conserver par suppression de contact. Et là se trouve notre péché d'origine et le principe secret de notre infériorité; voilà pourquoi l'on a pu nous arracher un à un presque tous nos avantages. Ce n'est pas que l'Église n'ait compté quelques fiers défenseurs, dans ce combat nouveau; mais ceux-là n'ont-ils pas paru, parmi les leurs, comme des solitaires incompris, et même suspectés parfois au nom d'une tradition dont on ne pénétrait plus assez le sens profond et profondément plastique?

V

A quelles armes faut-il donc recourir dans l'impasse où nous sommes acculés ? Certes, la question n'est pas d'une solution facile; elle l'est d'autant moins qu'un peuple ne revient pas aisément à un système de convictions religieuses et morales qu'il a une fois « vomi ». Pourtant le lecteur, après ce que j'ai dit, doit attendre une réponse; c'est pourquoi j'aurai le courage d'exprimer mon sentiment.

L'influence d'une doctrine quelconque ne dépend pas seulement de la part de vérité qu'elle contient, mais aussi et surtout de la force avec laquelle on la conçoit : nous en avons pour preuves l'*Éthique* de Spinoza, la *Logique* de Hegel et la *Critique de la Raison pure*. Si ces œuvres ont exercé et exercent encore une action si profonde, c'est principalement qu'elles fascinent les esprits par la puissance de pensée qui s'y manifeste. Supposé que Malebranche se fût contenté de réfuter Spinoza dont la philosophie lui faisait horreur, il est probable qu'il n'eût eu qu'un succès très relatif. Mais « il vivait trop de sa propre pensée pour consacrer son effort à chercher les défauts de la pensée d'autrui[1] ». Il écrivit les *Méditations chrétiennes* et les *Entretiens métaphysiques*; et ces deux livres qui sont la traduction même de sa grande et belle intelligence, devaient s'imposer à l'attention de

---

[1]. Abbé Jules Martin, *La Démonstration philosophique*, p. 262. — Si je cite cet ouvrage, ce n'est pas évidemment que je partage toutes les opinions qui s'y révèlent; mais il est très suggestif par endroits.

tous les siècles. C'est la puissance de la vie qui produit la vie. La chose est vraie, au point de vue physique ; elle est vraie au point de vue moral : les saints du catholicisme en sont une démonstration frappante. Et l'on peut dire que l'intelligence obéit en bonne partie à la même loi.

De là découle une conclusion importante : c'est qu'il ne suffit pas d'apprendre pour devenir fort ; il faut encore et surtout apprendre à penser par soi-même. Je causais un jour avec un ecclésiastique de distinction ; et il me parlait d'un livre d'exégèse écrit par un autre abbé : « Ce qui me désole, disait-il, c'est que l'auteur n'a jamais réfléchi. » Voilà le mal des maux, celui qu'il faut détruire avant tout ; car il n'y a que la virilité de l'esprit qui puisse rendre une œuvre pratiquement efficace.

De plus, il faut étudier avec sympathie et à fond les diverses manifestations de la pensée contemporaine : c'est l'unique moyen de la bien comprendre et d'en dégager l'âme de vérité qu'elle enveloppe. Car ce n'est pas en vain, très probablement, que tant d'intelligences de premier ordre se sont tourmentées et se tourmentent encore à préciser les problèmes qui dominent notre existence. Un tel travail ne peut être nul : il contient quelque chose qui doit entrer pour de bon dans les conceptions futures de l'humanité.

J'ajoute que l'on perd son temps en redonnant le passé à l'état brut, lorsqu'il s'agit d'enseignement doctrinal. On ne nous fera pas parler le syriaque, je le suppose. On ne nous ramènera pas de sitôt aux procédés aprioriques du moyen âge; et nous ne sommes plus curieux de savoir si la trompette du jugement dernier sera en or ou en argent : de telles recherches révèlent une « bonhomie » que nous avons perdue. Il ne s'agit pas de redire la tradition; la question est de nous en pénétrer, de la transformer en notre propre substance et de la présenter ensuite sous la forme qui convient aux penseurs de notre époque. C'est ce que disait un jour l'un des représentants les plus autorisés du mouvement thomiste en Allemagne ; et cette manière de voir est trop manifestement vraie pour qu'on s'arrête plus longtemps à la mettre en lumière.

C'est à ces trois conditions seulement que l'on pourra faire pour nos contemporains ce que les Pères de l'Église ont fait contre les Celse et les Porphyre, ce qu'Albert le Grand et saint Thomas ont essayé avec bonheur contre les Avicenne et les Averrhoës, ce que les Pascal, les Bossuet et les Fénelon ont entrepris contre les libertins du xviie siècle. C'est à ce compte qu'il pourra se former à la longue une synthèse théologique plus compréhensive et plus adulte, où « les oiseaux du ciel » aimeront derechef à chercher un abri. Et par un travail de ce genre, on ne sortira point de la tradition ; on ne fera qu'y rentrer pleinement. Car ce n'est qu'à notre époque qu'elle s'est immobilisée ; et ce repos est contraire à sa nature. Elle a toujours marché jusqu'ici, tout en conservant l'identité de son être.

*
* *

Mais l'étude solitaire ne suffit pas à cette tâche ; il y faut des foyers de haute culture intellectuelle, autant pour diriger les esprits que pour en élever le niveau. Et le passé, à cet égard, nous a bien servis : ils existent, ces foyers de vie ; bien plus, ils ont déjà fièrement affirmé leur existence. Outre la série de travaux remarquables qui en est sortie, leur influence s'est traduite dans l'enseignement secondaire par un accroissement continuel d'énergie intellectuelle et d'organicité. Malheureusement, le monde catholique n'a pas compris pleinement l'importance de ces grandes institutions : on a trouvé des ressources pour toutes les œuvres, excepté pour celle de l'enseignement supérieur libre, la seule pourtant qui soit essentielle; jusqu'ici la discipline de la charité a fait défaut. Mais on peut espérer que les croyants finiront par comprendre où réside le principe du salut : la lumière, dans les âmes, ne parcourt pas 70.000 lieues à la seconde.

Il est vrai que, à l'heure actuelle, d'aucuns se trouveront un nouveau prétexte pour diriger dans un autre sens le cours de leurs libéralités : les instituts catholiques, va-t-on dire, sont menacés, comme tout le reste. Crainte prématurée et peu digne de la vaillance de nos pères. Les instituts catholiques ont une existence légale qui n'est pas encore discutée; et si elle l'est jamais, le moyen de vaincre en ce dernier combat, sera de croire à la victoire jusqu'au bout : Pour vivre, il faut d'abord le vouloir.

Imaginez d'ailleurs que l'on en vienne à rapporter la loi de 1875, les instituts catholiques ne tomberont pas pour cela ; ils ne feront que se transformer. Il existe, en Allemagne, ce que l'on appelle des *convicts*, c'est-à-dire des séminaires supérieurs dirigés par des hommes aussi compétents que les professeurs de l'université voisine, et parfois professeurs eux-mêmes dans cette université. Les clercs s'exercent ainsi, sous une double direction, à prendre contact avec les doctrines de leur temps et à les juger. De plus, ils voient chaque jour les jeunes gens de leur génération, ils vivent en camarades avec ceux dont ils auront besoin plus tard au milieu des difficultés de la vie. Et ce système donne des résultats heureux : les faits le montrent avec assez d'éclat. Pourquoi n'accepterait-on pas un *modus vivendi* analogue, si la nécessité s'en faisait sentir ? Dans ce cas, sans doute, les instituts catholiques n'existeraient plus que pour le clergé. Mais ne l'oublions pas : « le clergé, voilà le ferment », comme le disait un jour Mgr d'Hulst dans une page éloquente.

Il faut aller de l'avant, et coûte que coûte, si l'on ne veut que le catholicisme se déracine à fond et s'éteigne dans la liturgie. Or, pour donner plus de cohésion à l'enseignement chrétien, il serait bon de rattacher d'une manière plus intime les écoles supérieures et les écoles secondaires. L'institut catholique de Paris a déjà fondé des concours régionaux ; de plus, quelques-uns de ses professeurs vont chaque année, sur l'invitation des évêques, visiter un certain nombre de séminaires et de collèges libres. Ce sont là des mesures qu'il faudrait généraliser. Il serait également avantageux que, dans chaque diocèse, on confiât la direction de l'enseignement à un ecclésiastique pourvu de ses grades et bien outillé d'ailleurs pour cette délicate fonction. Mais ici, nous touchons à un côté de la question que nous ne pouvons épuiser ; et c'est d'ailleurs inutile. Que l'on songe d'abord à l'éducation de l'éducateur ; et le reste viendra par surcroît.

Voilà, me semble-t-il, la tâche qui s'impose. Elle n'est pas à commencer, mais à poursuivre avec plus d'ardeur et d'ensemble : il nous faut, pour vaincre, remettre de notre côté le prestige de l'esprit ; et ce retour demandera du temps. J'étais un jour chez le professeur Kraus ; et nous parlions du progrès effrayant des théories naturalistes. « On mettra plus d'un demi-siècle pour en revenir, » me disait-il avec tristesse. Je le crois aussi. En France surtout, le mal est profond : c'est l'âme du pays qu'il s'agit de refaire.

TABLE DES MATIÈRES

I. — Rupture graduelle de la société avec la foi chrétienne. 5

II. — Danger que présente ce phénomène social au point de la moralité. 8

III. — Il ne vient pas de ce que la morale chrétienne a cessé de suffire. — Supériorité du christianisme ; anarchie croissante des systèmes de morale contemporains 16

IV. — Vraies causes du conflit. 31

V. — Remèdes à la situation. — Nécessité d'une haute culture intellectuelle ; instituts catholiques ; convicts allemands. 43

MÊME LIBRAIRIE

Abbé de Broglie : Religion et critique, Œuvre posthume, recueillie par l'abbé C. PIAT, professeur à l'Institut catholique de Paris. *Deuxième édition.* 1 vol. in-12...... 3 fr. 50

Abbé de Broglie : Questions bibliques, Œuvre posthume, extraite d'articles de revues et de documents inédits par l'abbé C. PIAT, professeur à l'Institut catholique de Paris. *Deuxième édition, précédée d'une lettre de S. G. Mgr l'Évêque de La Rochelle.* 1 vol. in-12....................... 3 fr. 50

Études de critique et d'histoire religieuse ; *Les origines du Symbole des Apôtres. — Les origines du Célibat ecclésiastique. — Les élections épiscopales sous les Mérovingiens. — L'Église et les Ordalies. — Les Papes et la Saint-Barthélemy. — La condamnation de Galilée,* par l'abbé E. VACANDARD, aumônier du Lycée Corneille, à Rouen. 1 vol. in-12. 3 fr. 50

Conférences pour le temps présent, par M. l'abbé BIROT, MM. SALTET, ARNAUD, SCALLA, R. P. PÈGUES, M. MAISONNEUVE, Mgr BATIFFOL. 1 vol. in-12..................... 2 fr. 50

Quelques motifs d'espérer, par l'abbé FÉLIX KLEIN, professeur à l'Institut catholique de Paris. *Deuxième édition.* Un vol. in-12................................... 3 fr.

L'Église et le Siècle. Conférences et discours de Mgr IRELAND, archevêque de Saint-Paul, aux États-Unis, publiés par l'abbé FÉLIX KLEIN, professeur à l'Institut catholique de Paris. *Neuvième édition.* 1 vol. in-12.......................... 2 fr.

Au sortir de l'école : Les patronages. *Troisième édition, revue et augmentée,* par MAX TURMANN, docteur ès sciences politiques et économiques, professeur au Collège libre des Sciences sociales, avec une lettre-préface de S. E. le Cardinal LECOT. *Ouvrage couronné par l'Académie française. (Prix Juteau-Duvigneaux).* 1 vol. in-12..................... 3 fr. 50

L'Éducation populaire : les œuvres complémentaires de l'école. *Deuxième édition, revue et augmentée,* par MAX TURMANN. *Ouvrage couronné par l'Académie française (Prix Juteau-Duvigneaux).* 1 vol. in-12..................... 3 fr. 50

Jésus : *La Personne de Jésus. — Le Berceau de Jésus. — La Vie solitaire de Jésus. — La Prédication de Jésus. — La Prière de Jésus. — Jésus et les autorités juives. — Jésus et ses disciples. — Jésus et la nature,* par A. D. SERTILLANGES, professeur à l'Institut catholique de Paris. *Quatrième édition.* 1 volume in-12................................ 2 fr. 50

www.ingramcontent.com/pod-product-compliance
Lightning Source LLC
LaVergne TN
LVHW022144080426
835511LV00007B/1248